SÉRIE
JEITO DE ARTISTA

A menina rabiscadeira

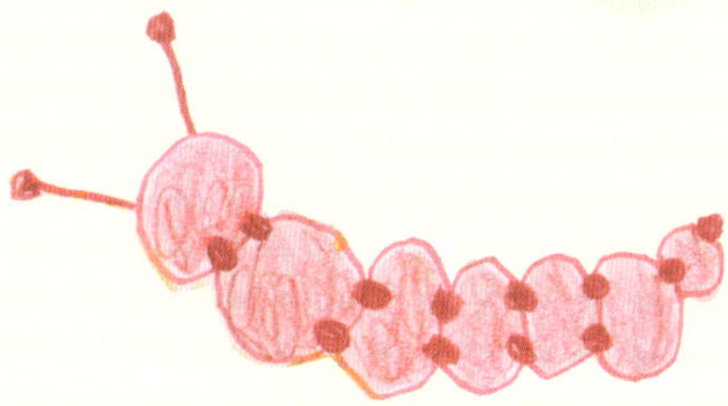

ELIANA POUGY

Ilustrações: Sonia Esplugas

1ª edição
São Paulo, 2012

Moderna

Moderna

COORDENAÇÃO EDITORIAL Lisabeth Bansi
ASSISTÊNCIA EDITORIAL Paula Coelho
COORDENAÇÃO DE EDIÇÃO DE ARTE Camila Fiorenza
PROJETO GRÁFICO Camila Fiorenza
DIAGRAMAÇÃO Vitória Sousa
ILUSTRAÇÕES Sonia Esplugas
PESQUISA ICONOGRÁFICA Carol Böck, Vanessa Volk
COORDENAÇÃO DE REVISÃO Elaine Cristina del Nero
REVISÃO Elaine Cristina del Nero
COORDENAÇÃO DE *BUREAU* Américo Jesus
PRÉ-IMPRESSÃO Helio P. de Souza Filho, Marcio Hideyuki Kamoto
COORDENAÇÃO DE PRODUÇÃO INDUSTRIAL Wilson Aparecido Troque
IMPRESSÃO E ACABAMENTO Corprint Gráfica e Editora Ltda.

Dedico essa coleção de livros para todas as crianças-artistas do mundo,
em especial para a Mariana, para a Luiza e para a Flora.

Dados Internacionais de Catalogação na Publicação (CIP)
(Câmara Brasileira do Livro, SP, Brasil)

Pougy, Eliana
A menina rabiscadeira / Eliana Pougy ;
ilustrações Sonia Esplugas. — 1. ed. —
São Paulo : Moderna, 2012. — (Série jeito de artista)

ISBN 978-85-16-08130-0

1. Literatura infantojuvenil I. Esplugas, Sonia.
II. Título. III. Série.

12-02454 CDD-028.5

Índices para catálogo sistemático:
1. Literatura infantil 028.5
2. Literatura infantojuvenil 028.5

EDITORA MODERNA LTDA.
Rua Padre Adelino, 758 – Belenzinho
São Paulo – SP – Brasil – CEP 03303-904
Vendas e Atendimento: Tel. (0 11) 2790-1300
Fax (0 11) 2790-1501
www.modernaliteratura.com.br
2012

DE ACORDO COM AS NOVAS NORMAS ORTOGRÁFICAS

Era uma vez uma menina rabiscadeira!

Ela adorava fazer rabiscos com os dedos.

Com lápis.

Com giz de cera.

E com caneta.

Quando ela ganhava pincel e tinta, então, era uma enorme agitação!

Ela pintava sóis verdes, flores roxas, céus cor de laranja!

Pintava também pássaros azuis, peixes amarelos e cavalos vermelhos!

Ela gostava de olhar para as formas, texturas e cores
dos bichos,
das plantas,
das coisas,
das pessoas!

E depois desenhava tudo o que via!

Ela também gostava de olhar para os desenhos, pinturas
e esculturas que via na TV,
nas revistas e nos livros,
nas ruas,
nos museus!

Um dia, ela foi para a escola. Afinal, já era uma mocinha!

Ela entrou na sala de aula e a professora disse: esse é o seu lugar.

Tudo estava bem até que seus olhos começaram a vasculhar a sala!

O verde da lousa, o branco do teto, o marrom avermelhado do cabelo da professora!

Depois, suas mãos pegaram o lápis e encontraram o branco do papel...

E ela começou a rabiscar!

Então, outras crianças rabiscadeiras começaram a desenhar: riscaram, apagaram, coloriram...
E não viram o tempo passar!

Até que os outros pediram: **prestem atenção, crianças!**

E as crianças rabiscadeiras foram ficando tristes, tristes... Elas queriam ser de outro jeito, mas não conseguiam!

Então, a professora, uma mulher muito esperta, começou a matutar... O que fazer?

E teve uma grande ideia! Feliz, ela perguntou:

Quem gosta de observar formas, cores e texturas? Quem gosta de olhar imagens? Quem gosta de desenhar? Quem gosta de pintar? Quem gosta de esculpir?

E foi uma alegria só! Todos viram muitas imagens, desenharam, pintaram e esculpiram! Foi muito divertido!

A partir daquele dia, a professora sempre via e fazia arte com seus alunos!

E as crianças nunca mais se sentiram mal por serem assim, rabiscadeiras.

Com o passar do tempo, todos viram muitas imagens, visitaram muitos museus, desenharam mais e mais e coloriram suas vidas!

Agora que eles cresceram, alguns enchem de cores papéis, telas, paredes...

Outros dão forma ao barro, à madeira, à pedra...

Criam mundos, sonhos, vidas que enfeitam casas, parques, museus...

Sabe por quê?

Porque eles têm um jeito de artista!!!

E como era o jeito dos artistas visuais quando crianças?

SANDRA GUINLE

É artista plástica. Cria, principalmente, esculturas de bronze, que ressaltam brincadeiras típicas da infância. Cursou desenho, pintura, cerâmica e história da arte e realizou oficinas em várias cidades.

"Nasci no interior de São Paulo, numa cidadezinha chamada Monte Mor. Na terra vermelha, que desconhecia asfalto, desenhei muitas amarelinhas. Na beira dos riachos, acompanhava minha mãe e outras mulheres que, lavando roupas, entoavam cantigas que tenho ainda frescas na memória. Ali meu primeiro contato com o barro. Passava horas de cócoras perguntando a minha mãe o que é que ela queria que eu fizesse com o punhado de terra molhada que estava em minhas mãos. 'Faz aquela lavadeira ali. E, depois, faz você nos braços da mamãe'. [...] Nunca fiz curso de escultura. Sou autodidata e utilizo o barro e o bronze como elementos principais para a formação de minhas esculturas."

Trecho extraído da *Revista Avisa lá*, n. 36, out. 2008.

CLAUDIO TOZZI

Ainda criança, Claudio Tozzi sonhava em ser um grande artista. Ele tinha um segredo que ninguém conhecia. Perto de sua casa morava um pintor húngaro. Sem nunca ter falado com ele, o menino Claudio o seguia pela rua até o pintor entrar em casa. Depois ficava escondido, olhando através da janela envidraçada do ateliê.

Ele passava um tempão ali, fascinado com o trabalho do artista. A preparação das cores parecia pura mágica. Desde então, Claudio quis fazer a mesma coisa: mexer, misturar e descobrir os efeitos misteriosos das infinitas combinações de cores formando imagens.

(retirado do livro *Claudio Tozzi*, de Regina Machado. Editora Moderna, 2004.)

"Desde pequeno eu gostava de desenhar. Olhava os detalhes das casas e dos automóveis e, ao chegar em casa, no meu quarto, fazia desenhos, tentando lembrar o que tinha visto no passeio. Eu também pintava algumas cenas do espaço do bairro de Perdizes, onde sempre morei, na cidade de São Paulo. Utilizava colagens e tintas coloridas".

© Lois Lancaster

ELIANA POUGY

Olá! Meu nome é Eliana Pougy. Essa história que você leu eu inventei pensando em você e em mim! Como toda criança, gostava muito de brincar, mas adorava desenhar, pintar, colar... Passava horas imaginando cenas para depois desenhá-las nas folhas de papel, no chão do quintal, na mesa de fórmica da cozinha... Eu também adorava inventar histórias e, depois que aprendi a escrever, comecei a registrá-las em meu caderno.

Por isso, quando cresci, me tornei ilustradora e, mais tarde, escritora.

Também sou arte-educadora: amo mostrar para os outros, crianças e adultos, a importância e a magia da arte!

© Arquivo pessoal

SONIA ESPLUGAS

Olá, meu nome é Sonia Esplugas. Nasci em Barcelona em 1977, mas vivo em Buenos Aires desde 2003.

Sou uma menina rabiscadeira. Minhas ilustrações têm viajado o mundo todo dentro de livros como este que você está lendo agora. Também sou irrequieta, adoro dançar, mas ficar sentada é algo que eu não gosto! Assim como Eliana, eu gosto muito de dar aulas, mas, no meu caso, aulas de pintura. Meus alunos costumam dizer que sou um pouco exagerada e, algumas vezes, barulhenta, mas eu me considero, acima de tudo, uma pessoa muito curiosa. E sabem por quê? Porque tenho um Jeito de Artista...